河南博物院镇院之宝
河南博物院 主编

云纹铜禁

向祎 编著

中原出版传媒集团
中原传媒股份公司
大象出版社
·郑州·

图书在版编目（CIP）数据

云纹铜禁 / 向祎编著. —— 郑州：大象出版社，2017.10
（2018.3 重印）
（河南博物院镇院之宝）
ISBN 978-7-5347-8897-0

Ⅰ.①云… Ⅱ.①向… Ⅲ.①青铜器（考古）—介绍—河南—春秋时代 Ⅳ.①K876.41

中国版本图书馆 CIP 数据核字（2017）第 243907 号

云纹铜禁
YUNWEN TONGJIN
向祎 编著

出 版 人	王刘纯
责任编辑	吴韶明
责任校对	安德华
装帧设计	张 帆

出版发行　**大象出版社**（郑州市开元路 16 号　邮政编码 450044）
　　　　　发行科　0371-63863551　总编室　0371-63867936
网　　址　www.daxiang.cn
印　　刷　郑州新海岸电脑彩色制印有限公司
经　　销　各地新华书店经销
开　　本　889mm×1194mm　1/32
印　　张　3.375
版　　次　2017 年 10 月第 1 版　2018 年 3 月第 2 次印刷
定　　价　40.00 元

若发现印、装质量问题，影响阅读，请与承印厂联系调换。
印厂地址　郑州市英才街 6 号
邮政编码　450002　　电话 0371-67358093

编辑委员会

主　任

田　凯

委　员

杜启明　丁福利　张得水　翟红志
刘　康　李　琴　武　玮

主　编

田　凯

副主编

张得水　武　玮

撰　稿

霍　锟　李　宏　张俊儒　李　琴
王龙正　曹汉刚　向　祎　武　玮
田　凯　黄林纳　杜　安　郭灿江

文物摄影

牛爱红

扫二维码，欣赏《云纹铜禁》视频

总　序

　　凡博物馆皆有自己引以为豪的藏品中的精华，如罗浮宫之《蒙娜丽莎》、荷兰国家历史博物馆之《夜巡》、中国国家博物馆之司母戊鼎、故宫博物院之《清明上河图》等等，许多博物馆将此类藏品称为"镇馆之宝"，重要的博物馆"镇馆之宝"常常有若干件，当然有些甚至堪为"镇国之宝"。

　　河南是中华文明的重要发源地，历史悠久，文化积淀厚重，近代以来中国的重要考古发现多在此地，中国考古史便是从这里起步，百年来发现的遗迹遗物极大地丰富了历史文化的研究，填补了历史的空白。河南博物院是中原最大的文物典藏展示机构，河南出土的重要文物理所当然地保存在这里。

2007年12月，时值河南博物院建院80周年，河南博物院镇院之宝甄选活动尘埃落定。众多专家学者经过反复论证，从河南博物院藏品中推选出九件最能代表中原历史文化的典藏品，作为"镇院之宝"。所谓镇院之宝，无疑是收藏中的佼佼者。首先是典型性，能代表文物所处历史阶段的文化科技发展最高水平；其二是重要性，具有重要的历史文化价值，填补历史研究的空白；其三是震撼性，文物具有强烈的时代感，其艺术性让人震撼；其四是唯一性，目前没有相同文物，或该文物是同类中最好的。

在我们遴选的过程中，发现能入此类标准的河南博物院藏品何止九件，最后为了坚持"九为大数不满"的初衷，经过反复讨论甄别，兼顾时代的普遍性，选取了贾湖骨笛、杜岭方鼎、妇好鸮尊、玉柄铁剑、莲鹤方壶、云纹铜禁、四神云气图壁画、武则天金简和汝窑天蓝釉刻花鹅颈瓶为九大镇院之宝。

贾湖骨笛不啻为音乐的奇迹,其重要性还在于促使我们重新评估裴李岗人的思维高度、情感表达的丰富性和表现力。贾湖骨笛在中原出现虽是孤例,但并非偶然。中原由于所处地理位置,进入新石器时代以后,在会通南北、连接东西上占得先机。贾湖遗址以稻作农业为主,是当时产稻的最北区域,但是其文化面貌却是裴李岗文化系统,其遗址中出现了猪与狗的驯养,这一遗址无疑是同时代文化中最为先进的。离贾湖不远的许昌灵井,距今8万年前已经出现了专业的制骨遗存,贾湖出现高质量的骨笛也就不足为奇。

九大镇院之宝中,先秦时期的青铜器占据五件,这与中原在这一中国文化轴心时代中主导作用的建立不无关系。

相传禹铸九鼎，三代奉为传国之征。鼎作为炊煮的食器，演变为王权的象征，体现了华夏文明的民本意识，而中原既是鼎的发源地，更是鼎文化最具代表性的地区。虽然二里头发现了迄今最早的铜鼎，但是其体量和造型还不能与国之重器勾连。郑州商城杜岭街出土的窖藏铜鼎，通高87厘米，饰有饕餮纹和乳钉纹，具有王权的威势，是迄今发现的商代早期较大的铜鼎之一，也是最早的能象征国家的铜鼎。据此证明了郑州商城的王都性质。

商代后期以安阳殷墟为国之核心。这里发现的最重要的墓葬当属妇好墓。出土的468件青铜器中，鸮尊是最具代表性的铜器之一，这是目前中国发现的最早的鸟形铜尊。其鸮形的巧妙构思和周身繁缛的龙、蛇等各种动物纹饰，不仅体现了妇好主持祭祀、带兵征伐的特殊身份，其艺术性也堪称经典。

中国广泛使用铁器要到西汉，然而在此之前有一个从出现到推广的发展过程。三门峡虢国墓地2001号虢季墓中出土的玉柄铁剑，经鉴定剑身为块炼钢锻打而成，这一发现将中国人工冶铁的历史提前到了公元前8世纪。

技术的先进是文明核心地位确立的重要条件，技术的不断发展又为社会的进步提供了前提，莲鹤方壶无疑是先秦社会发展的标志性器物，是技术、艺术与社会变革的集大成者。这件郑国人铸造的器物汇合了南北风韵、新旧特征，是春秋时期郑国特殊的历史文化地位的真实写照，更是百家争鸣、社会变革的艺术表达。

在中国冶铸史上具有划时代意义的器物还有云纹铜禁。这件器物出土于河南淅川下寺春秋楚墓，其墓主为楚国令尹子庚。铜禁通体由多层透空的云纹构成,十二条怪兽攀附四周,其精密的铸造工艺为我们提供了失蜡法铸造的最早标本。

五件先秦时期的青铜器各具代表,各领风骚,构成了中国青铜时代历史文化叙事链条的重要节点。

汉以降,中国历史文化转入了新天地。凝重神秘的青铜时代被人本思想和崇尚现实的享乐主义所代替,狰狞的鬼神世界,代以奇异的神仙来世。崇儒的同时,并行着道教的升仙意识。特别是在汉代的墓葬中充满了对来世享乐的憧憬,对来世仙界的描绘。出土于河南省商丘市永城芒砀山柿园西汉梁王墓的四神云气图壁画,绘有青龙、白虎、朱雀、怪兽等四种神禽异兽和灵芝、花朵、云气纹及穿璧纹等,充满了升仙气息。这件壁画尺寸宏大,为汉代壁画中所罕见,它是我国现存时代最早、规格等级最高、保存最完整的墓室壁画。

儒、佛、道在中国社会并行了一千多年，唐代以后三教逐渐合流。武则天一生充满了智慧，也充满了矛盾。在她的身上包含了多重宗教的信仰，她营造了龙门卢舍那佛窟，在偃师立了"升仙太子碑"。但是由于其墓葬还未发掘，与其有关的可移动遗物一直未能发现。1982年在登封嵩山峻极峰发现的武则天金简成为女皇唯一的直接可持有的宗教用物。这件物品是武则天祭拜嵩山的物证，也是武则天道教思想的体现，更是迄今发现的唯一的皇帝投龙金简，其历史与宗教文化价值无可代替。

历史上各个时代的造物总是恰如其分地附带上当时的文化与习俗烙印，而这种文化烙印尤其强烈的，莫过于宋代的瓷器。宋代对瓷器釉色的追求来源于宋人理学风气的弥漫。"雨过天青云破处"是对汝瓷独特的审美追求。

由于历史的原因，传世的汝官瓷屈指可数，弥足珍贵，20世纪80年代在宝丰清凉寺发现的窑址，被认定为汝官窑遗址，但是遗址内出土皆为瓷片，在其附近窖藏发现的少量汝瓷，成为考古出土的仅见的汝官瓷。其中的天蓝釉刻花鹅颈瓶完整性和工艺造像堪为第一，重要价值不言而喻，更重要的是以汝瓷为代表的瓷器的变革，不仅是技术的变革，还将中国文化与审美带到了更高的境界。

展览是历史文化信息的有机整合与展现，九大镇院之宝由于文物保护原因和其他原因有时不能同时完整陈列于展厅。即便是在展厅陈列，由于陈列本身的局限，也不能将全部或更多的信息在展厅中提供给大家。为了让大家更多地了解九大镇院之宝背后的历史文化信息，我们编写了这套丛书。对每件藏品的解读基于学术界最新研究成果，撰写方面力求科学严谨求真。我们希望通过本套丛书引导公众对藏品有更细致的观察了解，实现藏品信息与公众的分享与对话。但是由于研究阶段性的局限，由于研究深度的局限，由于研究资料的不全面等因素，我们的解读还有许多未尽之处，我们会继续不停地研究下去，将更多的研究成果及时提供给公众。也希望更多的学者加入到对文物、对九大镇院之宝的研究中，不断丰富和深化我们对历史文化的认识。

九大镇院之宝是古人智慧与思想的凝结，是文化制高点的物质的表征，每件文物都有独特的重要价值。这九件文物只是代表，而非全部，如果你来到河南博物院，将会看到更多的典藏瑰宝，比如彩陶双连壶、王孙诰编钟、金缕玉衣、汉代三进陶院落、杨国忠银铤等等，但在甄选镇院之宝时我们不得不割爱。我们希望大家在关注九大镇院之宝的同时，关注九件文物背后连带的关于中华文明、关于中原文化一脉相承延续发展的历史，关注中华文明强大的凝聚力、创造力、生命力，关注九件文物代表的更多的河南博物院的精美典藏，中原大地上的数不尽的丰富遗存。

河南博物院院长 田凯

2017年3月

目 录

一、品鉴　　1

二、铜禁名实辨与酒　　10

三、二号楚墓与铜禁的发现　　17

四、铸造工艺之辨与铜禁修复　　40

五、禁的起源与流传　　70

一、品鉴

云纹铜禁（**图一**）为1978年河南淅川下寺二号春秋晚期楚墓所出，器身为扁平长方体，上部中间为一长方形平面，中空无底，禁面四周及禁体四壁均饰由数层铜梗支撑的云纹。内层铜梗粗而直，以作骨干；中层铜梗稍细，由下向两侧伸出后上弯；外层铜梗最细，连缀成云纹。内、中、外数层铜梗相互套结，但以内层粗铜梗起主要支撑禁身的作用。禁侧攀附有十二条怪兽，前后各四，左右各二。兽首有双角，张口吐舌，挺胸扬尾，前爪攀附禁沿，后爪紧抓禁壁，作窥探状（**图二**）。禁底有十二个头饰高冠、昂首咋舌、挺胸凹腰、扬尾承器的虎形怪兽为足，四

图一　云纹铜禁

春秋（前770年—前476年）

纵长131厘米，横长67.6厘米，高28.8厘米，身宽46厘米，重94.2千克

1978年出土于河南淅川下寺春秋楚墓

河南博物院藏

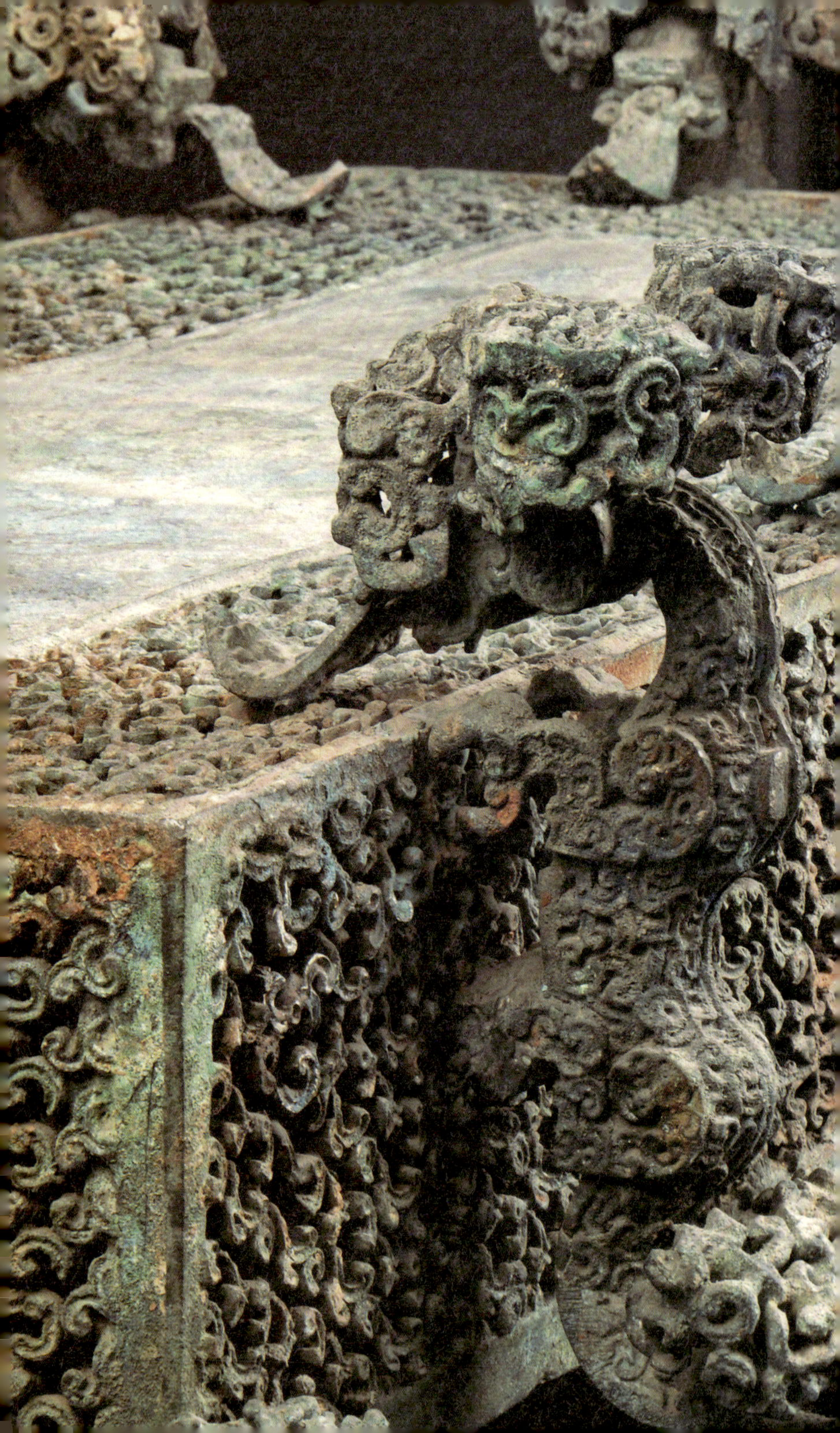

图二　禁侧怪兽细部

角各一，长边各三，宽边各一，前足前伸，后仅有一管状足用以支撑器身，既富动态，又显轻盈（图三）。

云纹是商周青铜器中最为常见的几何形纹饰，其基本形式是由细或粗线条构成的连续螺旋形。一般意义上把用圆形回旋的线条组成的纹样称为云纹，把用方折角回旋的线条组成的纹样称为雷纹，但实际上由于方与圆的区别并不明显，或方、圆兼用，青铜器纹饰中多合称为云雷纹。云雷纹出现于新石器时代晚期，应是从涡纹发展而来。据杨建芳等学者考证，比对史前陶器纹饰及地域分布特征，云雷纹的原型是自然界的蛇，是蛇的抽象化和图案化，反映了古人对蛇的敬畏与崇拜。尤其在长江中下游及广大南方地区，自然界虫蛇类甚多，楚文化区域所出器物中抽象蛇形云雷纹与写实、半写实的蛇纹尤其丰富。杨建芳进而

图三　禁足细部

认为：南方地区盛行云雷纹或写实性蛇纹是崇蛇思想的反映，云雷纹传入中原后，其原有的象征意义逐渐模糊，仅成为一种线条类装饰纹样，失去其固有的文化内涵，其后趋于式微，到了汉代便罕见其踪[1]。

  云纹铜禁上之云纹，实为粗细不一的铜梗盘曲而成，即线条围绕中央一点顺时针或逆时针旋转一周或数周，或作"C"形，或作"T"形，或作"S"形，或横向，或纵向，或斜行……盘曲连接，勾连密布，层层相映，虚实相间，愈显工艺精巧异常，更使得大型的铜禁重而不拙、剔透活泼。数以千计的铜梗盘错有序，确实也很像无数的小蛇簇拥缠绕在一起，无怪乎云纹铜禁最初也曾被定名为蟠螭纹铜禁，可见二者有其源，有其流，互为映射。云纹铜禁整器庄重而瑰丽，充满了神秘而浪漫的色彩。

云纹铜禁不仅是目前所见体量最大、纹饰最为繁复精美的铜禁，也是最早的一件经科学发掘出土的禁类器物。尤其值得一提的是，虽然学界对它的铸造工艺多有争议，但其附饰部分之铸件，主流观点仍以其为失蜡法铸造工艺之例证。据此，即可将我国采用失蜡法铸造青铜器的时间提早至春秋时期。

二、铜禁名实辨与酒

禁,东周典籍中称承放盛酒器的器物为禁。《仪礼·士冠礼》:"尊于房户之间,两甒,有禁。"郑玄注:"禁,承尊之器也,名之为禁者,因为酒戒也。"《礼记·礼器》:"天子、诸侯之尊废禁,大夫、士棜禁。此以下为贵也。"郑玄注:"棜,斯禁也,谓之棜者,无足,有似于棜,或因名云耳。大夫用斯禁,士用禁,如今方案,隋(椭)长局足,高三寸。"根据郑玄另注,"棜,今之木舆也"。《仪礼·特牲馈食礼》:"棜在其南,南顺,实兽于其上,东首。"郑玄注:"棜之制,如今大木舆矣。上有四周,下无足。兽,腊也。"根据文献所记,可知禁有两种形制,一是形如车舆(棜),方形有四周边,体下无足,亦称斯禁、棜;另一种形如方案,椭长而曲足,称为禁。无足之棜(斯禁)是大夫所用,有足之禁为士所用,有足之禁高于棜,故《礼记·礼器》中记天子、诸侯不用禁,大夫用斯禁,士用禁为"以下为贵"。据文献所记,禁主要用于承放盛酒器,而棜禁还可承放腊食。

既然大夫所用的棜与士所用的禁是同一种器具,为何异名?据《仪礼·特牲馈食礼》所记,"壶、棜禁,馔于东序"。贾公彦疏曰:"棜之于禁,因物立名,是以大夫尊,以厌饫为名,士卑,以禁戒为称,复以有足无足立名……至祭,则去足名为棜禁,不为神戒也。"此意为棜与禁异称的原因除形制有别外,又因为大夫尊于士,所以一切要区别于士,那么大夫所用的斯禁就不称为禁,而专称为棜。此外，祭祀时，用于放置祭物的禁专用无足的棜，不称斯禁，是因为要尊神，不能为神设戒之意[2]。承尊之器除大夫所用之棜、士所用之禁外，天子、诸侯专用之器称为丰。《说文解字》中记："豐（丰），豆之丰满者也。从豆象形。一曰《乡饮酒》有丰侯者。"《仪礼·聘礼》："醴尊于东箱，瓦大一，有丰。"郑注："丰，承尊器。"《仪礼·乡饮酒礼》疏中亦记："天子、诸侯承尊之物谓之丰，上有舟。"同为承尊之器物，礼制规定严格，不同阶层所用器具之名、之形均有差别，以示礼制之尊严。

据现所知的文献与发掘资料来看，禁的材质并不仅限于青铜，亦有（漆）木质地，至于是否还有其他材质，尚不得而知。目前尚未发现先秦青铜器中有自名为禁者，但学界一般以"禁"来命名承放盛酒器的青铜器。

我国是酒文化发源地,也是世界上最早酿酒的国家之一。晋人江统所著《酒诰》中记:"酒之所兴,肇自上皇……有饭不尽,委余空桑,郁积成味,久蓄气芳。本出于此,不由奇方。"表明煮熟的粮食在一定的自然条件下可自行发酵成酒。人们受此启发,开始了人工酿酒。《世本八种》陈其荣记:"仪狄始作酒醪,变五味……杜康造酒。少康作秫酒。"《战国策·魏策二》中记:"昔者,帝女令仪狄作酒而美,进之禹,禹饮而甘之,遂疏仪狄,绝旨酒,曰:'后世必有以酒亡其国者。'"相传仪狄为禹的一个臣属,他总结前人酿酒经验并加以改进,酿出了更为甘美浓烈的美酒,这表明我国最晚在夏代已掌握了人工酿酒的技术。可是,夏禹在品尝完美酒后,反而疏远了仪狄,他认为酒的味道如此甘美,后世一定会出现因贪杯而误国的君王。夏禹的预言果然应验,夏、商的末代君主夏桀与商纣亡国,其因之一皆是酗酒。传说夏桀修建了很大的酒池,日夜饮酒作乐,不理朝政,最终被商汤灭国;有商一朝,商人敬鬼事神,礼器中酒器甚多,据说商纣王连饮七天七夜而不歇,酒糟之多堆积如山,酒池之大内可行舟……酒池肉林,醉生梦死,终致亡国。周代时,酿酒业的发展已独立且具相当规模,并设置有专门管理酿酒的官职,如"酒正""酒人""郁人""浆人""大酋"等。相传因为吸取了夏、商两朝因酗酒成风而亡国的教训,西周推翻商的统治后,立国伊始就发布了中国最早的禁酒令《酒诰》,这是周公对康叔的训诫,让他到卫国宣传戒酒,主要内容如下:要求诸侯国君、王室近臣、同姓子孙要"无彝酒",即不准经常性饮酒,只有祭祀时方能饮酒，且要讲酒德，不能喝醉；诸侯国的君臣、王室近臣、各级长官要"刚制于酒"，即进行强制戒酒；民众聚饮，要押解京城处以死刑；殷商遗民和归附之臣如勤于稼穑、从事贸易、孝养父母尊长，父母高兴时可适当饮酒，但若沉湎于酒者，先"姑惟教之"，经教育仍不悔改者，则视同群聚饮酒，一律杀掉。承托酒器的案子以"禁"为名，正是此一时期政治与社会风气的集中反映，成为中国第一个禁酒时代的印痕。

所谓的西周禁酒与《酒诰》的颁布，并不是单纯地完全禁止饮酒。《说文解字》："禁，吉凶之忌也，从示林声。""示，神事也。"即"禁"之本义与"禁止"关系不大，而是和宗教巫术的吉凶宜忌有关。《酒诰》强调的是对饮酒的节制与度，最终所表达的是对礼制的规范与要求，集中体现了"酒以成礼"。所谓"酒以成礼"，《左传·庄公二十二年》："酒以成礼，不继以淫，义也；以君成礼，弗纳于淫，仁也。"表明饮酒是为了完成礼，不过度，是为义。诸如祭祀、侍亲等礼仪活动中必须具备酒，将饮酒作为一种礼节的仪式，同时节制饮酒以合乎礼节。《诗经·大雅·既醉》："既醉以酒，既饱以德。"《诗经·小雅·宾之初筵》："既醉而出，并受其福；醉而不出，是谓伐德。饮酒孔嘉，维其令仪。"是说饮酒至醉亦并非耻事，但因醉失礼才是大不敬。这才是"酒以成礼"和《酒诰》的核心意义。铜禁与青铜酒器一样，并入西周礼器系统，它的作用并不能局限于以禁酒论，它反映了周代对商代礼乐制度的因袭继承与大力改造，是周代对礼乐制度改革与建设的例证与缩影。

三、二号楚墓与铜禁的发现

提到云纹铜禁的发现，就要从1977年淅川下寺楚墓[3]的发现开始说起。

楚[4]立国于周初，史书中记楚之先祖鬻熊与周文王同时，《史记·楚世家》中记："周文王之时，季连之苗裔曰鬻熊。"根据文献所记，鬻熊为楚国始封之君熊绎的曾祖，那么楚人的始祖究竟是谁？《国语·郑语》中记周太史伯答郑桓公问，明确指出楚国的公族为祝融之后裔，这也是述及楚人始祖为祝融的最早记载。学界亦有学者认为楚人之始祖可推至比祝融更早的颛顼或高阳，屈原在《离骚》中自述其家世为"帝高阳之苗裔"，又《史记·楚世家》中起句为"楚之先祖出自帝颛顼高阳",由此可见楚与中原的夏商民族同源,同为黄帝后裔。祝融,远古神话传说中的火神,夏官官名。祝者,大也;融者,明也。《左传·昭公二十九年》中记:"木正曰句芒,火正曰祝融,金正曰蓐收,水正曰玄冥,土正曰后土。"商代时称师火,周代称火师,为司火之官。火正祝融的职责主要为观象授时,点火烧荒,守燎祭天。

祝融是楚人传说中的始祖,而楚人的信史时代则是从鬻熊开始的。因鬻熊辅佐文王有功,其曾孙熊绎被周成王始封于楚。《史记·楚世家》中记:"熊绎当周成王之时,举文、武勤劳之后嗣,而封熊绎于楚蛮,封以子男之田,姓芈氏,居丹阳。"

淅川县地处豫西南,西接陕西,南与湖北为邻,北有伏牛山,东为南阳盆地。境内有丹江与淅水贯穿,丹江发源于陕西商洛市商州区西北,流入淅川县后继续流向东南,与北来的淅水汇合,折西南进入湖北后注入汉水。丹江下游建有丹江口水库,下寺即位于淅川县城南约50千米处丹江口水库西岸的龙山脚下,此处原有一座佛寺名下寺,与西北方向的上寺遥遥相望,上寺、下寺合称香严寺。自1974年水库建成蓄水后,下寺及龙山大部分成为库区,静静地沉睡在丹江口水库的碧波之下。

1975年8月,河南省南部驻马店地区连降暴雨,板桥水库等中小水库几乎同时溃坝,遂平、西平等29个县市受灾,冲毁京广线铁路100多千米……事故发生后的两年里,丹江口水库连续泄洪—蓄洪—再泄洪,几次三番,水落土去,沉睡于地下数千年的楚墓群悄然映入世人眼帘。

1977年秋，丹江口水库水位下降，库水将原下寺北约500米处的龙山南端东侧的一座春秋时期的墓葬（M36）冲出。当地文化部门一边组织力量保护现场，一边积极收集散失文物。经过调查与钻探，认定淅川下寺为春秋时期楚国墓地。1979年3月，丹江口水库抢救文物领导小组成立，组织抽调全省考古骨干组成了丹江库区考古发掘队，对淅川下寺墓地进行正式发掘，共发掘出大、中型春秋墓9座，小型春秋墓15座，车马坑5座，汉墓8座。

淅川下寺墓群主要分布于龙山山脊之上，根据墓葬的分布与时代的前后，考古人员将其分为甲、乙、丙三组，而出土云纹铜禁的大型春秋楚墓M2即是乙组墓的主墓。乙组墓位于墓地中部，南距甲组墓约110米，组墓内包括大型墓2座，即M1、M2；中型墓2座，即M3、M4；

小型墓15座，编号为M12、M13、M14、M15、M21、M22、M23、M24、M26、M28、M29、M30、M31、M32、M33；车马坑1座，编号为M2CH。大、中型墓呈并列状排列，小型墓分布于大墓南北两侧，南边9座，北边6座。车马坑位于M3以西27米。根据乙组墓的分布位置，发掘者认为M2为该组墓葬的主墓，并因铜车马饰均置于M2中，所以认为车马坑附属于M2，以此为据进行编号。

M2为长方形土坑墓，墓壁上下垂直，无墓道。墓口长9.1米，宽6.47米，深3.88米。墓底四周有熟土二层台。台高2米，东边长0.66米，南边长0.78米，西边长0.82米，北边长0.75米。从墓葬内所存木灰痕迹看，为一椁两棺，两棺南北并列在墓室西部，南棺较大，北棺较小。墓室东部主要随葬有大型礼器和少量乐器，云纹铜禁即被放置于北棺东部，紧靠椁室北壁（图四）。

在M2墓室中部偏东处，考古工作者发现了一个形状不规则的扰坑，在扰坑范围内，随葬品大部分不见，只在填土中发现有4件汉代的铁镬，由此可见，淅川下寺二号楚墓在汉代时已遭盗掘。尽管二号墓历此浩劫，但仍出土

图四 淅川下寺春秋楚墓 M2 发掘现场（《淅川下寺楚墓》）

有青铜器、玉器、金箔、骨贝等共计6098件随葬品，以青铜器和玉器为主。青铜器计有551件，分礼器、乐器、车马器、兵器、工具、杂器等；出有玉、石、骨、料器共921件，以佩饰为主，另有少量礼器与乐器；出土金箔192片，总重749克，出于墓室西部及南北两棺之上，色泽深浅不一，成色不同，形制各异，发掘者推测这些金箔可能是漆木器和皮甲上的装饰；墓中出有海贝4432枚，均有加工痕迹，海贝的背部均被磨去约二分之一，形成一个大圆孔；另有2件马甲，置于北棺之上，出土时皮革部分已朽，受发掘现场条件所限，当时未能完整提取，仅切取了中部最厚处的两块以做标本。

  关于对二号墓一系列性质问题的判断，如墓葬年代及规格、墓主人身份等，发掘者的依据与判断如下：

二号墓中出有一组列鼎7件（**图五**），形制相同，大小相次。最大的一件通高68厘米，口径66厘米；最小的一件通高61.3厘米，口径58厘米（**图六**）。列鼎均有盖，侈口，方唇外折，立耳外撇，颈内收，束腰，腹微鼓，平底，蹄足。盖中间微上鼓，正中有一桥形钮，钮两端作兽首状。盖面饰有两周蟠虺纹带，鼎耳内外、鼎口沿及上部均饰浮

图五　王子午鼎出土情况

图六　王子午鼎（附匕）

雕蟠螭纹，颈部饰双线窃曲纹带一周，鼎腰处饰一道半圆形腰箍，鼎腹饰重环纹。器身附有怪兽6只，作昂头、凹腰、扬尾状。鼎足上部亦铸兽面，粗大威武。列鼎端庄秀美，制作精良，反映出其所有者的地位超然。鼎内有铭文14行48字，记述了作器者"王子午"担任楚国令尹时的政绩。鼎盖有铭文为"倗乍鼎"，鼎腹铭文中前有"王子午……自作彝鼎"的记载，后有"令尹子庚，殹民之所亟"的描述，发掘者认为"王子午""子庚""倗"三者当为一人（**图七**）。基于此列鼎的发现，发掘者认为二号墓主人的身份为楚庄王之子——子庚，而从墓的规模与随葬品来看，亦与楚国令尹的身份相符。据《左传》所载，王子午于楚共王时为司马，楚康王二年为令尹，死于楚康王八年，即公元前552年。发掘者由此推断二号墓的年代即在

图七　王子午鼎 M2:28 腹部铭文拓片

此一年或稍晚时候。

与列鼎同出的还有一套编钟（**图八**），共26枚，每钟均铸有内容相同的铭文（**图九**）。其中有"唯正月初吉丁亥，王孙诰择其吉金，自作龢钟……阑阑龢钟，用宴以喜，以乐楚王诸侯嘉宾，及我父兄诸士"等字句，不仅记述了编钟的用途，也说明这是王孙诰"孝敬"其父子庚的。学界依作器者本人之名将其定名为"王孙诰编钟"，发掘者亦以此据，证此墓主人为楚国令尹王子午。

随着对二号墓研究的不断深入，也有学者对墓主人的身份提出了不同的看法。以李零为代表，他认为王子午与倗并不是同一人，王子午鼎虽为王子午所铸，但器盖上均加刻铭文"楚叔之孙倗"，应属当时常见的彝器易主现象，二号墓主人应为"倗"，同属乙组墓的M1、M3也出有带"楚叔之孙佣"铭文的器物，应是佣的家族墓地。那么佣究竟为何人？李零认为他是王子午死后第二年出任令尹的蒍子冯。其论据如下：第一，古音"冯"字从朋得声，"冯"即"佣"，铭文中"佣"可借读为"冯"。第二，据《左传》所记，王子午为楚国令尹时，蒍子冯为大司马，地位仅次于王子午，王子午死后，蒍子冯出任令尹，三年后卒于任，基本与王子午属同时代、同身份，与墓葬规格亦相衬合。第三，就铭文行文习惯来看，如墓主为王子午，字子庚，其名、字俱全，与佣名无涉，且其贵为王子，通常称"王子某"，若以孙称，一般亦作"王孙某"，称"楚叔之孙"其意不通。如墓主为蒍子冯，"楚叔之孙"则表明佣之族系所出。虽然蒍氏的世系现囿于材料不足，并不清晰，无法确定"楚叔之孙"的真正含义，

图八 王孙诰编钟

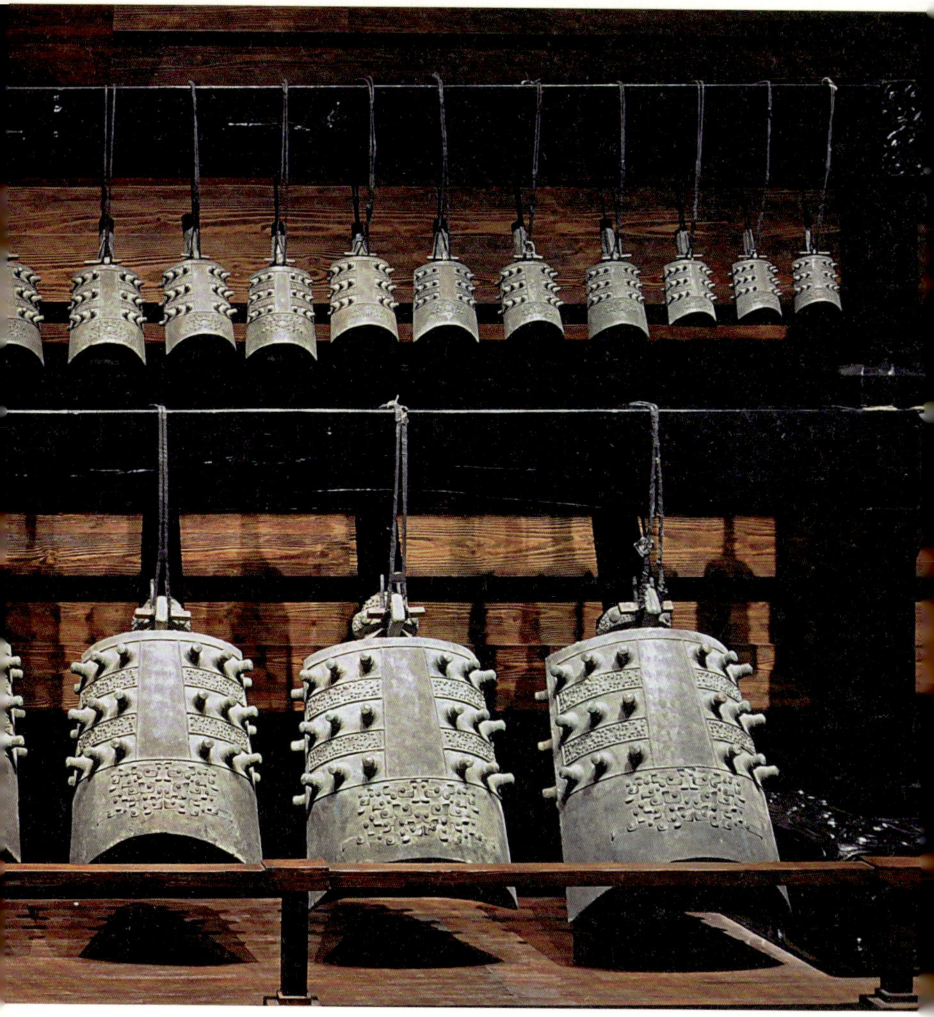

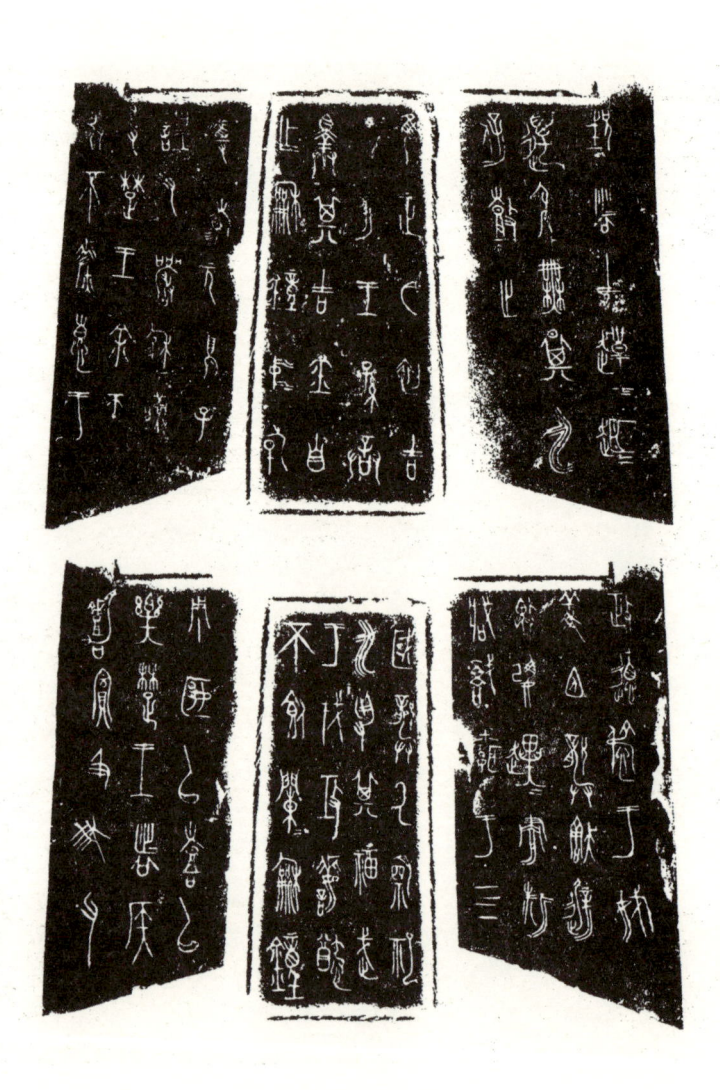

图九　王孙诰编钟铭文拓片

但蒍氏与楚王族同出，则有文献可证。《国语·郑语》中记："叔熊逃难于濮而蛮，季绌是立，蒍氏将起之，祸又不克。"表明蒍氏是楚国的古老一族。杜预注《左传》认为蒍子冯为"叔敖从子"。据此，认为蒍子冯的先人或被称为"楚叔"是极有可能的。第四，二号墓出土有浴缶，其铭为"楚叔之孙蒍子佣之浴缶"，明确为蒍子冯自作用器[5]。

也有学者认为"楚叔之孙佣"既不是王子午，也不应该是蒍子冯，所谓"唯器与名不可以假人"，大批的宗庙祭器是不可能出现转赠等情况的，暴力夺权接收的可能在文献等方面均无反映，所以认为王子午、王孙诰、楚叔之孙佣三人应是祖孙三代的关系。王子午与王孙诰的父子关系学界并无异议，王子午为楚共王的弟弟，王子午对于共王之子康王等人而言即是楚叔，楚叔之孙即王子午之孙，从逻辑关系上可以成立。假如王子午与倗的祖孙关系成立，那么大批宗庙彝器的承继就可以说得通了[6]。

尽管学界对二号墓主人的认定有不同看法，其墓葬年代亦有前后数年之别，但二号墓为楚国贵族之墓则无疑，其墓葬规格之高、随葬器物之丰，均是楚墓与楚系青铜器中的典型案例。

楚系青铜器不仅包含楚国的青铜器，亦包含那些附属于楚国或即使国土不附属于楚国但具有楚文化特征的他国青铜器。据刘彬徽《楚系青铜器研究》一书中的分期法，楚系青铜器主要分为四个阶段：第一阶段为西周晚期至春秋早期，是楚系青铜器对西周中原文化系统的承袭与沿用时期。此一时期，虽未脱离周式铜器的传统模式，但楚系特色已初露端倪，在器类组合上已异于中原传统，在楚文化辐射区域内呈现出楚制代替周制的趋势，即以鼎、簋、壶的组合区别于周式的鼎、簋、壶的组合。第二阶段为春秋早期末段至春秋晚期早段，是楚系青铜器的创新阶段，即为楚系青铜器独特风格的形成时期。此一时期，不仅器物组合迥异于中原传统，以鼎、簋、缶、盘、匜为组合特征，标新立异，且装饰富丽，以束腰平底升鼎为典型，楚式青铜器从组合到形制、纹饰、文字等方方面面摆脱了传统周式青铜器的束缚与影响，进而以自己独特的风格影响着周边文化区域。第三阶段为春秋晚期至战国早期，进入楚系青铜器的繁荣阶段，这是在创新基础上的进一步发展，以至鼎盛。此一时期的楚系青铜器发展水平达到了顶峰，淅川下寺墓葬群所出青铜器即是此间代表。第四阶段为战国中期至晚期，是楚系青铜器的衰落阶段，这固然与楚国国力日衰、文化辐射力减弱有关，但也与我国始由青铜时代向铁器时代转变这一大的环境转折有关。此一时期的青铜器虽是整体衰落，但并非毫无发展地全部衰落，其于礼器上的衰落是必然的，而在日用器具上反而表现出精进的状态，祛华返璞。但铸造技艺不可避免地停滞甚至倒退，创新期至繁荣期的失蜡法铸件，此期不见[7]。

楚系青铜器是我国先秦青铜器中的一个重要组成部分，其同样包括生产工具、兵器、礼器、乐器及其他生活用具、杂器等，以青铜礼乐器为大宗与重器，最能代表与反映当时的文化。学者的相关研究显示，楚系青铜器组合中表现出对水器的充分重视，尤以春秋时期为甚，这与殷代器群重酒的组合、周式青铜器重食的组合有明显区别，从一个侧面反映出楚文化跳脱出所谓"商礼"与"周礼"的范畴，对礼制有新的解读与建立。楚器极重纹饰，尤其在创新与繁荣期内，几乎不见素面无纹的器物，龙纹、凤纹等俱是楚人所好，且着力于"繁饰"，愈显华美与神秘。楚国青铜器特色鲜明，既迥异于中原青铜礼器，又与中原铜器有着千丝万缕的联系：1.在所含器类与墓葬所出器物之组合形式上，楚器既与中原铜器有联系，也有明显的区别。春秋时期楚国铜器中鼎的地位最为重要，含有多种不同形制的鼎，并以鼎数多少表示墓主人的等级身份，食器中的簋、簠也具有相当重要的地位，水器中的盘、匜相配已成定制，凡此均是与中原春秋铜器相近的。但春秋中原铜器中自始至终存在的食器甗、酒器罍、水器鉴均不见或罕见于楚器，中原铜器中流行的食器鬲、酒器壶等在楚器中均非盛行。楚器中最流行的器物盏、缶则为中原器所不见或少见，是楚器中的特色器物。综上，楚器之器类不如中原丰富，但创造有自己独特的器类。2.在同类器的形制上，楚器显然渊源于中原器制，但又富于地域特色，如楚鼎由直立耳变为附耳，楚式升鼎的中平底、束腰之制等，不一而足。更引人注目的是楚国酒器中曲柄的碗状斗或带流口与扁铲形的勺，即是非常有楚地特色的器物。3.从总体纹饰上看，楚国铜器是与同时期中原铜器纹饰发展状况大致相近的，即亦以细密的蟠螭纹、蟠虺纹为主要纹饰形式，盖顶、颈部及器腹亦流行以三角形纹（或叶形纹）组成纹饰带的作风[8]。战国所出青铜器大致承袭春秋旧制，但出现了新的器型与纹饰，已构成了时代的差别，镶嵌多种动物纹饰的铜器流行于此一时期，成为该时期的特征之一。此一时期楚墓所出青铜器完成了鼎、敦、壶、盘、匜的器物组合格局，表明战国时期楚国青铜礼器制度已发生重要变化，鼎制成为以后楚器分期的主要依据。自战国中期始，楚青铜器的礼器功能亦开始衰弱。

四、铸造工艺之辨与铜禁修复

（一）铜禁的铸造工艺

考古资料表明，人类最早认识和使用的金属材料就是铜。早在公元前7000年至公元前5000年的小亚细亚及埃及等地，人们就开始使用自然铜制品。公元前3800年前后，伊朗出现了冶铜制品。公元前3000年，中国甘肃出现了铜刀。世界上大部分地区的早期铜器都存在着红铜→砷铜→砷锡青铜的发展顺序，只有中国的早期铜器是红铜、青铜几乎同时出现，并列发展。这可能是资源条件的不同所造成的[9]。

关于中国的冶铜技术，通过对中国早期铜器及冶铜遗址、遗物的考察与分析，证实其具有鲜明的民族特点和技术发展路线，它立足于自己的资源和制陶技术的丰富经验，最终发展至商周时期灿烂的青铜时代。正如夏鼐所说："我以为中国文明的产生，主要是由于本身的发展，但这并不排斥在发展过程中，有时可能加上一些外来的影响。"《荀子·强国篇》中对铸造技术进行了记载："刑（型）范正，金锡美，工冶巧，火齐得。"《考工记·凫氏》一节中有关于熔铜火候的记载："凡铸金之状，金与锡黑浊之气竭，黄白次之；黄白之气竭，青白次之；青白之气竭，青气次之；然后可铸也。"这些记载均为我国青铜冶铸技术长期实践的丰富经验总结[10]。

中国古代青铜器铸造，以失蜡法和范铸法两种手段最为重要，其中以范铸法的运用最为普遍，许多青铜重器均采用范铸法，经制模、翻范、合范、焙烧、浇筑、打磨、修整等一系列工序完成，如大盂鼎、大克鼎、司母戊方鼎、杜岭方鼎等。

一次性浇铸完成的范铸法称为浑铸或整体浇铸，一般适用于简单或小件器物。形体过大或形状过于复杂的青铜器，则需要经两次或两次以上浇铸，这种铸造方法称为分铸法。因多是部件与器物主体的连接，又称为"铸接"。古代劳动人民在实践中还创造性地发明了叠铸法，将多个铸范层叠装在一起，由一个浇口浇注铜液，一次铸成多件器物。叠铸法适用于铸造多个较小的器物，如用于铸造钱币等。

而失蜡法是为了铸造用范铸法无法实现、更为复杂的铸件而产生的新技术。失蜡法也称脱蜡法，是早期金属文明的一大创造,在东、西方冶金史上都占据着重要的历史地位。伊朗、美索不达米亚、埃及等古文明地区,约在公元前第三千纪中期或更早时候,就已经开始使用失蜡法来铸造饰物和小型器件。其具体做法为:用蜡做成铸件的模型,再用其他耐火材料填充泥芯、敷成外范。然后将外范烘烧陶化,加热烘烤后,蜡模全部熔化流失,使整个铸件模型变成空壳,再向内浇灌金属液,冷却后打开铸范,即得到所铸器物。

关于失蜡法的起源与应用,一直是冶金史上长期争论的问题。有学者认为中国失蜡法起源于"焚失法"。焚失法目前最早见于商代晚期,它采用可焚烧的材料制模,用此模型铸成附饰的铸造技术,附饰上不会形成范铸法固有的范线。焚失法的基本原理应与失蜡法相似,只不过更为原始，在完全无范线的失蜡法出现之后逐渐消亡，存在时间很短，保留的实物遗存亦不多见。因此，目前对这种可焚毁或焚失的材料与工艺流程，既无文献可考，也鲜有出土资料作为佐证。相关学者考察了上海博物馆所藏戈鸮卣，发现其绳索状提梁除耳环及其上端局部有范线之外，整个提梁部分未见范线，双耳上端尚铸出细线捆扎的痕迹，此一现象无法用组合块范技术解释。类似这种有绞股状绳索造型却无范线的青铜器，还有山西灵石旌介商墓所出提梁卣、长沙市博物馆所藏提梁卣的提梁，安徽铜陵所出铜甗的双耳等，有的绳索纤维还清晰可辨，据出土地点看，不仅见于中原器，也见于长江中下游器物。这些附饰的模型已跳出以泥塑模的传统，匠师们寻找了一些既可以塑造或雕刻，又只需焚毁即可脱范的材料作为制模材料，如木材、植物纤维、淀粉等，以代替泥模。在绳索等代替材料模型外包以不分块的整体陶范，焙烧时，代替材料燃烧成灰，则不需要脱模即可获得无分范面的整体型腔，但是代替材料燃烧后不能像蜡料那样受热后自行流淌失去，焚烧后在范腔内留下相当多的灰烬，所以必须全部或部分分范，以便清除灰烬[11]。

当工匠们发明以蜡料制模，焙烧后整体陶范内蜡料可自行流失而无灰烬存在时，这种尚需分范以清除灰烬的焚失法铸造技术就自然被取代。据此推断，焚失法既是失蜡铸造的滥觞，又是分块陶范技术向整体陶范技术过渡的一种技术[12]。

我国古代对失蜡法的文献记载最早见于唐代，唐初"开元通宝"即为失蜡法所铸，宋代赵希鹄在《洞天清录》里详细记载了失蜡法的铸造工艺:"古者铸器,必先用蜡为模。如此器样,又加款识刻画。毕,然后以小桶加大而略宽,入模于桶中。其桶底之缝,微令有丝线漏处。以澄泥和水如薄糜,日一浇之,候干再浇,必令周足遮护。讫,解桶缚,去桶板,急以细黄土,多用盐并用纸筋固济于元澄泥之外,更加黄土二寸。留窍,中以铜汁泻入。然一铸未必成,此所以为之贵也。"此书所记的工艺是一种颇为奇特的方法,即表层的范料是泥浆,为使泥浆堆积在蜡模上,采用了一种有缝隙的木桶,把蜡模置于木桶中,然后倒入泥浆。泥浆因木桶有缝隙而逐渐漏失,与此同时,泥浆也自然在蜡模外堆积一层,如此反复多次,即形成一定厚度。此法效率虽低,但复制出的纹饰却清晰精美。为防止泥浆脱水干燥后开裂及强度下降,中层范料为细黄土、纸筋和盐，纸筋提高范料的湿强度，盐可增加烘焙后的强度，充分体现出我国古代劳动人民在铸造工艺上的奇思妙想与卓越智慧。记述失蜡法铸造工艺的文献虽晚，但学者普遍认为我国实际使用失蜡法的历史远远早于目前所见之文献记载，据目前所知的考古资料来看，大部分学者认定战国时代的曾侯乙墓所出铜尊盘（图一〇）之铸件是使用失蜡法铸成的，西汉时期云南晋宁石寨山所出贮贝器盖的附件亦是失蜡法工艺的例证之一。云纹铜禁的时代可溯至春秋时期，它是否为失蜡法铸造工艺，多年来学界莫衷一是。

据学者研究，淅川下寺春秋楚墓青铜器的铸造方法有三[13]：1.分范合铸法。淅川下寺春秋楚墓中所出形体较小而附件较为简单的青铜器，大都采用分范合铸法，如

M10所出钮钟等（图一一）。2.分铸法。如M7、M11所出圆鼎即为先铸鼎足、鼎耳、盖钮等附件，后与鼎身铸型组合浇铸而成（图一二）。淅川下寺春秋楚墓青铜器在铸造中除娴熟运用分铸法外，还成熟地使用了焊接技术，说明分铸技术已发展到了一个新的阶段。如M2所出王子午鼎的鼎身与附件分别铸成，然后将附件一一焊接于鼎身之上。3.失蜡法。此法适用于结构复杂、不易分型的铸件。发掘者与相当数量的研究者认为，M2所出的云纹铜禁以及很多青铜器的附件都使用了失蜡法的铸造工艺。这些铸件具有共同的特点，即结构复杂。尤其是云纹铜禁，结构繁复，器身前后左右以及禁面的周边，由大小粗细不等的繁多铜梗组成，共分五层，纵横交错，互为支撑，如同古代建筑上的斗拱，拱头又伸出支拱，支拱相互卷曲盘绕，彼此独立，互不连接，全靠内层的铜梗来支持，而内层铜梗又分层连接，高低参差，看上去玲珑剔透，实则繁复有序。此外，禁身四周攀附有十二条怪兽，禁体下有十二个兽足承托器身，整器构件繁复，庄严瑰丽。研究人员多次观察铜禁，除发现铜禁上有分段的范缝之外，其他地方均未发现合范范缝痕迹，据此判断，如此结构复杂的铸件，用铸模无法成型，更倾向于使用失蜡法铸造；又根据铜梗盘绕弯曲的情况来看，研究人员推测所用蜡料可能为蜂蜡稍加松香、油脂调制而成。

另有学者认为云纹铜禁的铸造工艺仍属传统范铸工艺，进而推定中国青铜时代既无失蜡法铸造的器例，也没有失蜡法工艺赖以产生的必要的技术基础与社会需求，以周卫荣、董亚巍等学者为代表[14]。他们认为，任何一项新

图一〇　曾侯乙墓出土铜尊盘

图一二　淅川下寺春秋楚墓 M11 出土勾连雷纹鼎

图一一 淅川下寺春秋楚墓出土钮钟 M10:70（正、背面）

技术的发明与变革，都有一个产生、发展与逐步完善的过程，青铜范铸技术从新石器时代晚期始发生，发展至商早期技术成熟，考古实物资料可成序列，而所谓失蜡法铸造的器物，只有曾侯乙尊盘、云纹铜禁等数件器物，既看不到失蜡法工艺技术的发生，亦看不到此技术的发展，就一个自成体系的铸造技术而言，这是无法想象与自圆其说的。研究者继而认为，曾侯乙尊盘与云纹铜禁一样，是由数千个大大小小分别铸造的组件焊接装配完成的，这些组件单元在焊接前都是独立的铸件，范缝明确，在器物上也发现了大量小块纹饰单元的浇口和焊接点。他们认为，云纹铜禁表面的小单元纹饰，是采用范铸法铸成，经打磨、修整，先焊接成二十四个纹饰片，再通过内部的铜梗一片片连接后，焊接到框架上，最后焊接十二只附兽及十二个兽足，成为整器。所以，云纹铜禁的铸造技术也是采用春秋以后的传统范铸法铸造，分型铸造，铸后焊接。持此观点的学者，一般认为失蜡法并非中国本土的传统工艺，而是伴随着中西交通从西方传入的舶来工艺。

（二）铜禁的修复

由于M2墓室顶部塌陷，许多随葬品都被压碎，云纹铜禁亦不能幸免（图一三）。河南省文物考古研究院赵世纲研究员在回忆云纹铜禁出土的样子时说："就是个残破不堪的'光板'铜案，长方形的；其中一个边儿上还塌陷了大半拉子。整个案子裂为七八块，就像经历了一场大地震一般，也像极了震后裂变的大地。"与铜案同时出土的，是难以计数的弯弯曲曲的铜梗。"显然，铜梗是从这

图一三 修复前的云纹铜禁

个铜案上掉落下来的。但当时,你让我想象这个铜案原本该是什么样子,说实在的,想不来!……没有修复后精美的'云纹',前前后后、上下左右,都没有'云纹',哦,就像近几年流行起来的那些喝工夫茶的茶几,最普通的那种,没有什么装饰的那种!"

尽管发掘者面对支离破碎的铜禁时难以想象它的样子,但考古学家很快断定:这是一种罕见的青铜器物——禁。赵世纲研究员回忆说:"(铜禁)1米多长,霸气十足,这让我想起了'问鼎中原'的楚庄王。但通过研究器物铭文,获知这个墓不是楚庄王的,而是他儿子子庚的。不过,他的这个儿子,也是楚国令尹,就是常说的宰相!它是楚国黄金时代的器物,是楚国能够争霸中原的一种象征!"

铜禁是放置器皿的案子,那么云纹铜禁上都放了些什么铜器呢?答案不禁让人叹惜遗憾。据赵世纲研究员回忆说:"尽管最动人心魄的发现,是云纹铜禁,但遗憾多多。铜禁彻底修复后,剩下一些残件。残件显然不是铜禁的,却与一号楚墓的两尊龙耳虎足方壶的构件极为相像,只是大一点儿……一号楚墓的龙耳方壶，通高均为79.2厘米。既然二号楚墓的残件比一号楚墓大，那么它被盗的两尊龙耳方壶，通高肯定超过79.2厘米，当与莲鹤方壶相若吧！"（**图一四**）

因二号楚墓有汉代时盗洞，考古学家推测，铜禁上的两尊龙耳方壶可能早在汉代就被盗走了。两尊龙耳方壶放置在云纹铜禁上，盗墓贼移动它们时，铜禁被打碎，才得以保存至今；抑或，云纹铜禁以这种决绝的方式相抗争，这才留在了主人身边，时至今日仍向世人展现出它精美绝伦的身姿。此情此景，令我们禁不住遐想：倘若两尊莲鹤方壶般大小的龙耳方壶，还放置在云纹铜禁上，风采依旧，那该是何等壮观！

如斯铜禁，当初只是一件"光板"铜案与根根铜梗。

图一四 淅川下寺春秋楚墓 M1 出土龙耳虎足方壶

让它恢复"青春面貌"的，是中国青铜器修复界三大圣手之一、河南博物院高级技师王长青（**图一五、图一六**）。

难以计数的青铜碎梗，谁是谁的"邻居"？在一堆铜梗乃至铜渣儿面前，研究断痕，小心拼接，没有惊人的耐心与毅力，是不可想象的。云纹铜禁的修复，也是王长青老先生一生遇到的最大挑战。修复后的云纹铜禁，曾漂洋过海到美国展览，至今没有任何变形，堪称他的经典之作（**图一七**）。河南博物院任常中研究员回忆说："这是王老先生带领四位徒弟，花四年时间，耗四万元，才修出来的！20世纪80年代初，四万元，这无疑是个天文数字！"

想修复好这件支离破碎的铜禁，首先要弄清楚它的全部结构和铸造方法。任常中、王长青先生曾专门撰文[15]，记录下当年妙手回春之过程：

据修复者观察、分析与研究，禁体上没有见到合范毗缝，也没有发现分范铸造而后铸接或焊接的痕迹，修复者认为它是由一块整范一次性铸造而成的。但又看到，禁面四周的云纹中，长面当中有三道、宽面当中有一道共八道云纹不相连续或连接不够规律所形成的分界线；禁面四角与正中平面四角也各有一道相同的分界线相通；禁体四侧的云纹中也有同样的分界线与禁面八道分界线上下对应，各在禁下座兽的上方，间距相等。修复者认为，这表明整个禁体并不是一块整范铸造出来的，而是由禁面、禁侧云纹各十二块，禁面正中平面一块共二十五块范铸造而成。修复者继而发现，整个禁体共有十二个浇口，浇口处尚留有残柱，正在禁底四角和禁侧八道云纹分界线的下端底边上。另有十二个冒口痕迹，在禁侧底边每两个相邻座兽的

图一五　王长青先生在修复铜禁

图一六　王长青先生对铜禁进行着色处理

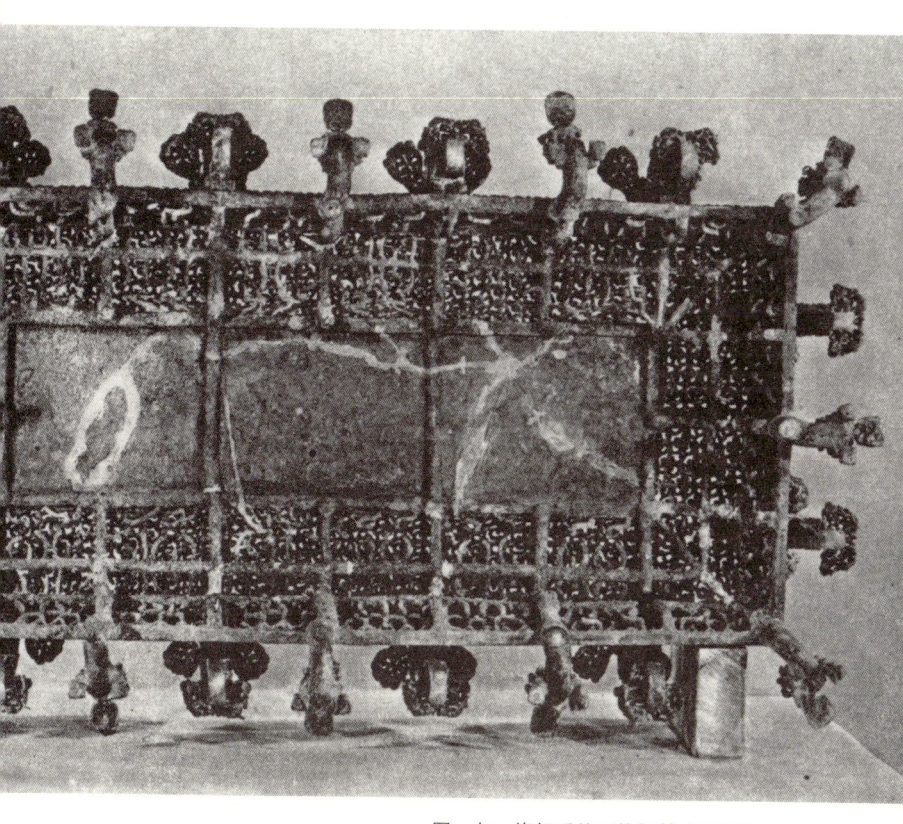

图一七 修复后的云纹铜禁（底视）

正中点上。据此，修复者认为：禁体是在整体制范后，将范翻转，使禁面向下，一次浇注青铜液而成的。至于禁体上形成的共计二十道的云纹分界线，修复者认为整个禁体是由二十五块蜡模组成，禁面正中的长方形平面由一块蜡模构成，禁面与禁侧五层铜梗连接支撑的云纹各由十二块蜡模组成，其中长面每边各四块，宽面每边各两块。这二十五块蜡模边缘以蜡焊接，成为一个完整的铸型，然后按失蜡之法，铸成铜禁。由于二十五块蜡模是分块捏制，用蜡焊接，因而形成表层云纹不相连续或连接不够规律的分界线，又由于最后仍采用失蜡法一次浑铸而成，所以并没有合范、分范铸接或焊接的痕迹。

由于出土时的铜禁支离破碎（图一八），反而为我们仔细观察与研究其内部结构提供了绝好的机会。据分析观察所知，禁体的二十四块云纹结构均由四小块云纹组组成，也都由五层粗细不等的铜梗构成，修复者以一小块云纹组为例，从底层向表层依次剖析如下（**图一九**）：

第五层：为特粗铜梗组成的"口"字形。

第四层：为数根粗铜梗，一端附着于"口"字形四边的粗铜梗上，平伸后向上翘起，上端支撑着第三层的一根较粗铜梗，或向上翘起后分岔成"凵"形，同时支撑第三层的两根较粗铜梗。

第三层：为数根较粗的平行铜梗，压在第四层粗铜梗之上。

第二层：为若干根细铜梗，立于第三层较粗铜梗上成为若干个小圆立柱，或下部分岔，同时立于第三层的两根较粗铜梗上成为"人"字形立柱。

图一八　铜禁修复前局部

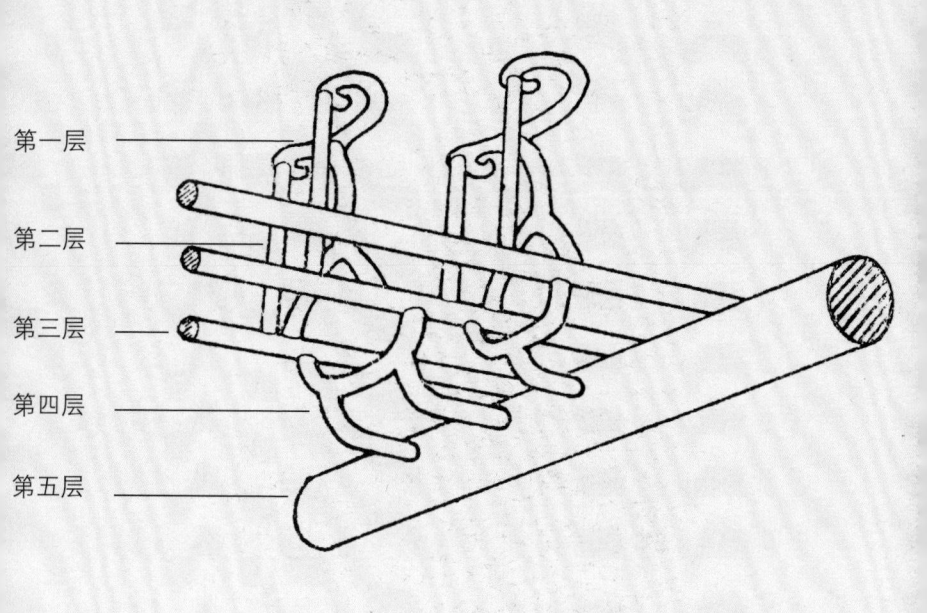

第一层 ————
第二层 ————
第三层 ————
第四层 ————
第五层 ————

图一九　铜禁局部结构线图

第一层：表层云纹。各单个云纹之间互不连接，形成无数透孔。每条云纹线上各有凹槽，下边由第二层立柱分别支撑。

充分了解了铜禁的结构与铸造工艺，修复者对铜禁采取了如下措施：

1.矫正。出土后的铜禁变形严重，不仅禁面不平，侧面也凹凸不平，有的裂口部分向上翘起。修复者在小部位变形处，用矫正器直接压平；在变形大的部位，则垫上锡条、锡片及木板等物，经过半月至一月的时间，用杠子、缆索将它一点一点压过来；对于一些裂口翘起达4厘米的地方，由于面部较厚，弹性较强，压平后撤去木板复又翘起，只得使用亚腰形铜扣扣合，再用锡焊在一起加以固定。

2.补配。修复者在深入研究禁体铸造工艺的基础上，依原铸造方法，从五层至二层，按各层粗细铜梗的排列顺序、大小尺寸和形状，将禁体残缺部位用蜡条一层层、一个个捏制起来，然后将捏制好的残缺部位的蜡模取下。第一层的云纹，仍据禁上原物，翻出一个个单个云纹蜡模，蜡焊于已经取下的残缺部位第二层的蜡模立柱上。五层蜡模配齐后，用石膏浇淋成模，烘烤出蜡，用锡浇铸成器，再整体用锡焊接于禁体残缺部位即可，直到补齐残缺部分。

另对铜禁上大多脱落缺失的附兽与座兽，修复者亦是巧思细工，极尽修补如初之能事。附着禁体的十二条怪兽，出土时已全部脱落，所幸禁侧留有原铸接残柱或铸接痕迹，对附兽的攀附部位一目了然。附兽玲珑精巧，出土时兽体多破裂为数块，兽舌全部脱落，兽头顶部浮雕透孔云纹与尾部的伞状装饰花纹全部脱离，残缺不全。从脱落部位看，附兽头顶与尾端孔中有些还留有铸接过的铅铸合金残渣，可知顶部装饰、尾部装饰与兽体均系分别单个铸造，然后铸接而成一体。修复者感到，按原铸造方法补配附兽费工费时，于是创造性地采用现存的完整兽体以石膏制范，用锡浇铸成两个半兽体，视原附兽兽体的残缺情况，缺多少就截取多少补上，用锡焊接。补配好兽体后，用锡铸接于禁体原攀附处。附兽顶部花纹与尾部花纹亦以原件为型，先制以石膏外模，注蜡入内，烘烤出蜡后，以锡浇铸，形成顶花后根据各部位缺存情况截取焊接，修复如初。

座兽与附兽的修复方法大同小异，不再赘述。

在整个修复过程中，修复者可谓是呕心沥血，创造性地采用多种修复技术,但仍耗时四年方成。对于王长青先生来说,修复云纹铜禁不仅是他一生遇到的最大挑战,也是他毕生技艺的集中体现与代表之作。2002年,云纹铜禁被列为中国首批禁止出国(境)展览的64件文物之一。

五、禁的起源与流传

禁之一物，考古发现绝少，在20世纪以前，铜禁未见有出土者。据学者统计[16]，禁类器物迄今仅有六次发现，计8件，见于湖北随州、湖北江陵、陕西宝鸡和河南淅川，其中铜禁7件、漆木禁1件。除河南淅川下寺所出云纹铜禁外，其余几件情况如下：

1.端方铜禁（图二〇）。该铜禁因最初由清朝官吏端方收藏而得名，著录于1908年出版的《陶斋吉金录》，定铜禁名为"棜禁"，源于汉《礼器碑》所云"筵棜禁壶"。但容庚在《商周彝器通考》一书中说："然《隶辨》释棜为碗杯也，不当称禁为棜禁也。"1901年，陕西宝鸡斗鸡台乡发掘古墓，共发现铜器十余件，包括有尊一、卣二及爵、角、斝、觚、觯、斗、盉、禁等，这批铜器随后归当时的陕西大员端方所有。其中铜禁为泥范法铸造而成，长87.6厘米，宽46厘米，高18.7厘米，为扁平长方体，中空无底，面平，前后各有八个长方形孔，左右各有两个长方形孔，腹四旁饰有夔纹及蝉纹。出土时禁上还存有置放一尊二卣的痕迹，是为专门承托三件酒器的专用案具。这是目前所知铜禁的首次出土。端方死后该禁被其后人卖出，流入美国，现存纽约大都会艺术博物馆。这件铜禁是目前出土铜禁和共存酒器均保存完整的唯一成套青铜器。

关于所出铜禁的墓葬发现，唯一对此有所记述的是20世纪20年代出版的瑞典美术史家奥斯瓦尔德·喜仁龙

（Osvald Siren）《早期中国艺术史》一书，但他却搞错了发掘者，加之对墓葬形制、墓室结构的叙述都与陇东、关中地区的实际墓葬不一致，实难作为科学而有效的信史。由于铜禁出土的墓葬发掘过程记述混乱，器物流传经历辗转，以至于对该器的断代、器物组合等方面产生分歧。王国维在《观堂集林》中定此铜禁为商代器；傅振伦在《美帝攫取中国古物简述》中将其年代定为西周；马衡先生认为应属商代，具体时间为公元前12世纪前后。根据铜禁上所置放的铜卣来看，其出现的时间不会晚于殷墟四期，与之相配套的铜禁亦应不会晚至西周早期，可能为商代晚期器，其使用年代可能延续至西周初期。

2.西周夔纹铜禁（**图二一**），又名第二柉禁，其得名源于当时一批发现了三件铜禁，此件为第二件，而柉禁之

图二〇 端方铜禁线图

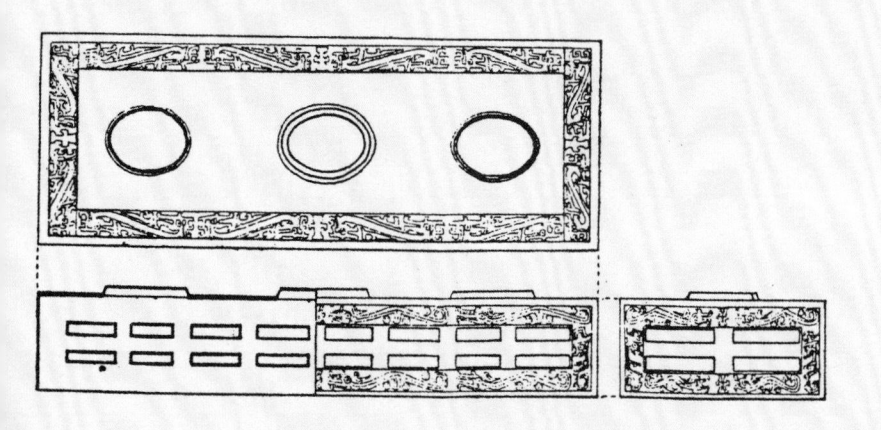

图二一 西周夔纹铜禁

名当从端方铜禁旧说，亦应不符。西周夔纹铜禁的流传经历可谓曲折离奇，饱经风雨[17]。端方铜禁在宝鸡斗鸡台发现后，陕西的地方军阀党玉琨对这个名不见经传的地方产生了浓厚兴趣。党玉琨是1917年陕西靖国军兴起后割据一方的地方小军阀，年轻时曾在北京的古玩店当过学徒，对文物略有研究。党玉琨于1917年至1928年间，一直盘踞于凤翔、宝鸡、岐山地区，在得知自己的辖区内出土有文物后，他立即派出专门力量进行调查与发掘，1925年至1926年期间，党玉琨曾派部属征调民工在宝鸡斗鸡台戴家沟进行大规模盗掘，获得青铜器千余件，其中完整的达740多件，此次盗掘共出土了3件铜禁。据当时的亲历者郑郁文回忆：1926年初，发现了第一件铜禁，高约60厘米，长约140厘米，宽约70厘米，四周饰三层夔纹，禁上置放有两排铜器。第二件铜禁通高23厘米，长126厘米，宽46.6厘米，器体呈扁平立体长方形，中空无底，前后各有长方形孔十六个，左右各有长方形孔四个，正面凸起三个中间挖空的椭圆形子口。出土时子口上放置有三件铜器，中间为高约70厘米的夔纹卣，右边为铜觥，左边器残，不可辨形。其后十天左右，第三件铜禁亦被发现，但出土时已破碎为长条形铜片，尺寸未明。党玉琨得到这批包括铜禁在内的青铜器后，立即派人将其送入凤翔收藏。1928年，凤翔城被宋哲元军攻陷，党玉琨本人亦在乱军中被击毙，这批铜器全部落入宋哲元手中。宋哲元以此作为战利品，在驻地进行了为期一天的展览，随后将之运到了西安。其后，宋哲元命令西安市芦真照相馆将这批铜器全部拍摄了下来，并严禁这些文物照片外传，继而又请西安的文物鉴赏家薛崇勋对所有文物逐器进行鉴定，以确定其价值。完成这些工作后，宋哲元将大部分青铜器从西安秘密运到了北平、天津，并假手天津的古董商将多件精品卖到国外，但所幸第二件出土的西周夔纹铜禁一时没有找到合适的买主，存放于天津宋哲元的寓所，另两件铜禁则下落不明。抗日战争爆发后，宋哲元辗转到了四川，并滞留四川直至去世。1941年底，日军占领了天津的英租界，宋哲元在天津的私邸被日军查抄，西周夔纹铜禁与其他藏于此的文物均被日军洗劫。宋哲元的三弟宋慧泉后经多方疏通，从日军手中取回了夔纹铜禁及其他文物，使其免于流入域外。1968年，天津市文物清理小组接收了这件西周夔纹铜禁，当时的铜禁已破碎为50多块，后经国家博物馆的修复技师历时一年有余的精心修复，面貌一新。1972年，收藏于天津博物馆。关于铜禁与这批青铜器的经历，数十年内三番五次辗转流离，乃至照片、拓片等资料亦在"十年动乱"中遗失，实在令人唏嘘。

西周夔纹铜禁系泥范法铸造，禁面中心平素无纹，四周饰夔纹，侧面均饰两层夔纹。禁面中心并排的三个椭圆形子口周缘高于禁面，中间子口外径19.5厘米，宽16.5厘米，高1.5厘米；左右两子口大小相同，外径18.8厘米，宽17.4厘米，高1.3厘米。

关于西周夔纹铜禁的定名与功用，学界亦有不同的看法。刘铭恕对比了端方铜禁与西周夔纹铜禁的差异性，认为西周夔纹铜禁不同于端方铜禁，专设有子口，其形制、功用与商代妇好墓所出的三联甗更为接近，不应定名为禁，而是定名为"三联杯温酒器"更为合宜，它上承三联甗类型用具的造型与功能，下启战国时代耳杯温酒器的典范，是为炊煮器[18]。但学界主流一般还是将此件西周夔纹铜禁列入承尊器禁类。

3.宝鸡石嘴头铜禁。这是陕西宝鸡历史上第三次发现铜禁，但时光已悄然走过一个多世纪，来到了2012年。2012年6月，宝鸡市渭滨区石鼓镇石嘴头村西周墓出土铜禁一件，成为宝鸡历次出土铜禁墓葬中唯一科学发掘的例证。铜禁长95厘米，宽45厘米，高21厘米，体呈扁平立体长方形，中空，有底，无足，禁面中心平素无纹，四周饰夔纹，侧面饰夔纹两道，中间竖弦纹。禁面上放置有方彝一、卣二（其中一卣下有方座，方座中心有一孔，两侧饰夔纹），禁下填土中有斗一件，禁东侧放置罍、卣、尊、觚等酒器。石嘴头铜禁所属墓葬属西周早期中型贵族墓，但据铜禁形制与同出器物特征及组合关系，所出文物多为商代器物，与周器、周礼不符，学者更倾向于认为该铜禁属商代晚期器。

4.曾侯乙墓铜禁。战国早期器。曾侯乙墓发现于1978年，位于湖北随州城西2千米处的擂鼓墩东团坡上，为驻军某部雷达修理所扩建厂房开山炸石时意外发现。这座王侯级大墓出土了15000余件文物，种类繁多，礼器、乐器、兵器、车马器、日用器具、丧葬用品、工艺装饰品等应有尽有。其中国家一级文物143件（套）、国宝级文物9件（套）。一座墓葬出土文物如此之多、如此之精，不仅在湖北是第一次，在全国亦属罕见，被誉为20世纪中国重大的考古发现之一（**图二二、图二三**）。

曾侯乙墓所出铜禁出土时器物组合为一禁、二壶身、二壶盖、二盖罩，发掘者将该组合定名为"铜联禁对壶"（图二四）。禁长117.5厘米，宽53.4厘米，高13.2厘米，厚3.1厘米，重35.2千克。禁体为扁平立体长方形，禁面上有并列而凹下的圆圈两个，中空以承放两个大壶的圈足，中间及四角有方形、曲尺形凸起，浮雕蟠螭纹。两侧长边有对称的四个兽足，兽口部与前肢衔托禁板，后足蹬地，动态十足。禁上置二壶，左壶通高99厘米，口径33.8厘米，盖罩径53厘米，底径40.6厘米，重106千克；右壶通高99厘米，口径32.6厘米，盖罩径53厘米，底径40.6厘米，重99千克。两壶均为敞口，厚方唇，长颈，圆鼓腹，圈足。壶盖有衔环蛇形钮，盖外沿套装勾连纹的镂空盖罩。壶颈两侧各有一攀附拱屈的龙形耳。壶身饰蟠螭纹和内填蟠螭纹的蕉叶纹。两壶内壁均铸有铭文"曾侯乙作持用终"。据学者研究发现，铜禁侧面的蟠螭纹均系印模法制作，随禁体一同制范，一次铸造而成。铜禁整体采用合铸加焊接的技法，禁面用两块范合铸，四个兽足分铸后焊接在禁面之下。

5.江陵望山一号楚墓所出漆木禁（**图二五**）。江陵望山一号楚墓的清理工作于1966年年初结束，该墓共出土文物600多件，其中铜器245件，陶器69件，漆木竹器211件，其余为玉石骨角皮革丝麻等器。墓中出有一件漆木禁，位于棺室外椁室内头箱中部，即墓主人头部位置。发掘者将其定名为枑，时代定为战国中期。漆木禁无足，斫木胎，扁平立体长方形，长74厘米，宽29厘米，高7厘米，通体髹黑漆，用红漆绘花纹。禁面四周及中部绘制绹纹，并在禁面以绹纹构成的两个方框内又各绘一大圆圈

图二二　曾侯乙墓发掘现场

图二三　曾侯乙墓椁室

图二四　曾侯乙墓出土铜联禁对壶

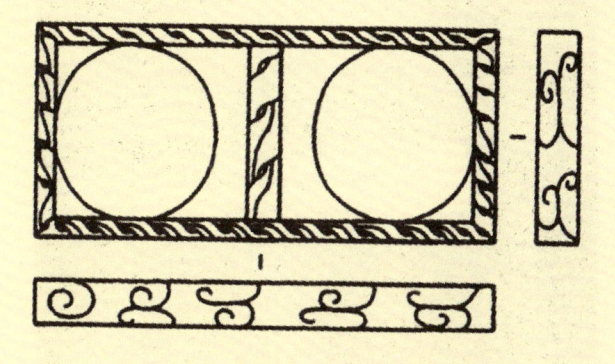

图二五　江陵望山一号楚墓出土漆木禁线图

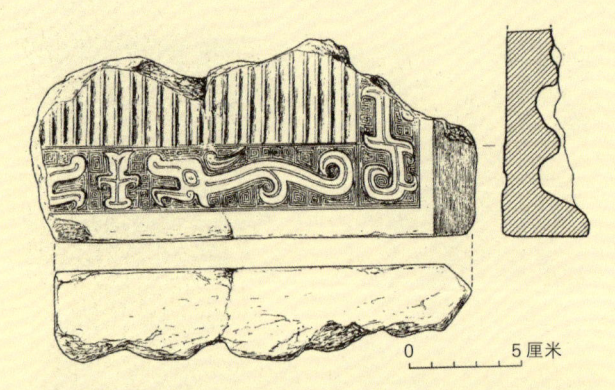

图二六　安阳殷墟孝民屯东南地出土直棱龙纹方禁陶范线图

图二七　告田觥禁

纹，四个侧面绘制有卷云纹。出土时，禁面两个绹纹组成的方框上各放置一件作为礼器的陶方壶。整体制作工艺粗糙，禁面上也非青铜礼器，有学者据此认为漆木禁是专供殉葬所用的明器。

对于非铜质禁如漆木禁是否为明器，并不好一概而论，至于江陵望山一号楚墓所出漆木禁个例确实粗陋，确为明器，但不能认定漆木禁或非铜质禁均为随葬明器，材质的不同也可能反映的是时代、等级、地域文化等诸多方面的差异。目前先秦青铜器中还没有发现自名为禁者，考古发现的禁类器物甚少，原因不外有三：第一，可能是目前所见资料有限；第二，此器具不是商周礼器大宗，可能仅用于少数特定场合或有可代替品；第三，禁类器具未必皆是青铜所制，保存不善，今所少见。

根据目前所发现商周禁的相关资料，有学者尝试梳理此器物的起源与流传脉络。结合所出墓葬时间、器物形制与组合器特征，大概可将目前所知禁器按时代的先后排序：端方铜禁→石嘴头铜禁→西周夔纹铜禁→淅川下寺云纹铜禁→曾侯乙铜禁→江陵望山一号楚墓漆木禁（与西周夔纹铜禁同时期所出的另两件散失铜禁不在考察范围之内）。据此，亦将禁的使用年代卡在商代晚期至战国。

根据目前所知禁类器物的出土地，可梳理其发展与流传脉络为陕西→河南淅川→湖北，那么其渊源于何处？进入21世纪以来，陆续发掘了河南安阳殷墟孝民屯东南地铸铜遗址[19]，这是继20世纪60年代安阳殷墟苗圃北地铸铜遗址发掘以后，发现的又一处大规模商代铸铜遗址，出土了超过3万块的陶范，大部分属殷墟晚期。其中有一类长方形器外范，范的长边饰有两首相对的卷尾龙纹，短边饰"S"形顾首龙纹。短边的顾首龙纹多上下相通，但也有长边的卷尾龙纹向两侧延伸，将直立龙纹夹于其间的。范的中央均饰直棱纹，以四周的龙纹为框（**图二六**）。此范所反映的铜器形制特殊，目前所见对应器可知为收藏于丹麦哥本哈根国立博物馆的告田觥禁（**图二七**）。此觥禁仅承一觥，具有禁的功能，也有学者将此类器物列入禁类，为区别于端方铜禁、云纹铜禁等大型禁，称之为小型禁。据安阳殷墟孝民屯东南地出土有直棱龙纹方禁陶范推断，其纹饰与端方铜禁、石嘴头铜禁、西周夔纹铜禁以及禁墓所出之卣、尊、觥等器纹饰布局、式样相同，学者推测陕西铜禁之发源地应为安阳殷墟。

就铜禁发展、传播与变化的过程来看，铜禁是商周文化交流与融合的结果。这种起于商而最终被周人整合利用的器型不断规范化、组合化，逐步形成了一种独具特色的文化形式，其后又越过秦岭，沿丹江南下，作为中原文化的一个方面，被楚文化所接纳并吸收，并随楚文化一起进入江汉平原，最终或以独特的漆木器等其他工艺丰富与终结了禁的发展历程。

注释：

[1] 杨建芳：《云雷纹的起源、演变与传播——兼论中国古代南方的蛇崇拜》，《文物》2012年第3期。

[2][8] 朱凤瀚：《中国青铜器综论》，第276—277、1518、1769—1798页，上海古籍出版社，2009年。

[3] 河南省文物研究所、河南省丹江库区考古发掘队、淅川县博物馆：《淅川下寺春秋楚墓》，文物出版社，1991年。

[4] 张正明：《楚史》，湖北教育出版社，1995年。

[5] 李零：《"楚叔之孙倗"究竟是谁——河南淅川下寺二号墓之墓主和年代问题的讨论》，《中原文物》1981年第4期。

[6] 张亚初：《淅川下寺二号墓的墓主、年代与一号墓编钟的名称问题》，《文物》1985年第4期。

[7] 刘彬徽：《楚系青铜器研究》，第574—582页，湖北教育出版社，1995年。

[9][10] 田长浒主编：《中国铸造技术史（古代卷）》，第25、27页，

航空工业出版社，1995年。

[11]谭德睿：《中国古代失蜡铸造起源问题的思考》，《文物保护与考古科学》1994年第2期。

[12]谭德睿：《中国青铜时代陶范铸造技术研究》，《考古学报》1999年第2期。

[13]赵世纲：《淅川下寺春秋楚墓青铜器铸造工艺》，见河南省文物研究所、河南省丹江库区考古发掘队、淅川县博物馆：《淅川下寺春秋楚墓》，第379—388页，文物出版社，1991年。

[14]周卫荣、董亚巍、万全文、王昌燧：《中国青铜时代不存在失蜡法铸造工艺》，《江汉考古》2006年第2期。

[15]任常中、王长青：《河南淅川下寺春秋云纹铜禁的铸造与修复》，《考古》1987年第5期。

[16]张松莉、周理远：《河南淅川下寺云纹铜禁源流考》，《中原文物》2014年第3期。

[17]蒋伟国：《党玉琨盗宝与西周夔纹铜禁的流传》，《民国春秋》1995年第1期。

[18] 刘铭恕：《由"三联甗"论"夔纹禁"》，《郑州大学学报（哲学社会科学版）》1978年第4期。

[19] 李永迪、岳占伟、刘煜：《从孝民屯东南地出土陶范谈对殷墟青铜器的几点新认识》，《考古》2007年第3期。